AF453140

QUESTIONS FORESTIÈRES

LA

MÉTHODE DU CONTROLE

DE M. GURNAUD

PAR

P. GRANDJEAN

ANCIEN ÉLÈVE DE L'ÉCOLE FORESTIÈRE, CONSERVATEUR DES FORÊTS
EN RETRAITE.

⁓⁓⁓

PARIS

BERGER-LEVRAULT ET Cⁱᵉ, ÉDITEURS

5, RUE DES BEAUX-ARTS, 5

MÊME MAISON A NANCY

1885

LA

MÉTHODE DU CONTROLE

DE M. GURNAUD

L'administration des forêts et son personnel ont subi récemment de rudes assauts. Nous pouvons nous tromper, mais il nous a paru, bien que les assaillants vinssent de plus d'un côté, qu'ils obéissaient à la même inspiration et que leurs armes portaient la même marque de fabrique. Nous avons été quelque peu surpris de voir des hommes sérieux apporter à la tribune des chiffres qu'ils ne se sont certainement pas donné la peine de passer au crible d'une critique réfléchie, et échafauder sur ces données incertaines des théories qui ne visent pas à moins qu'au renversement d'une administration que nous considérons comme indispensable à la prospérité de nos forêts et par suite à celle de notre pays.

En ce qui concerne le personnel, M. le ministre de l'agriculture s'est chargé de sa défense, et nous aurions mauvaise grâce à y revenir. Cependant, il n'eût peut-être pas été

inutile de faire connaître aux Chambres certaines particularités qui peuvent être ignorées aussi bien des adversaires
que des défenseurs de l'administration.

Quant au traitement de nos forêts, nous avons bien quelque droit de donner notre avis, car nous et nos collaborateurs du département du Jura, avons plus d'une fois servi
de point de mire aux traits de l'inspirateur des honorables
députés qui ont consenti à porter ses attaques à la tribune.

Nous n'aimons pas les personnalités, et nous écartons de
tout notre pouvoir les noms propres des discussions de
principe. Mais il s'agit ici d'un système que son auteur a
cherché à faire triompher en s'adressant avec le plus de
bruit possible à toutes les autorités, et en dénigrant sans
relâche pendant vingt années non seulement l'administration dont il a fait partie, mais des camarades dont le seul
tort est de ne pas partager sa manière de voir. Qu'il dé-
fende ses convictions avec énergie et ténacité, rien de plus
respectable. Mais il ne leur aurait pas nui en apportant dans
sa discussion moins d'âpreté et plus de tolérance envers des
contradicteurs qui ont été ses collaborateurs et peut-être
ses amis.

On ne s'étonnera donc pas de rencontrer fréquemment
dans ce qui va suivre, le nom de M. Gurnaud, puisque c'est
sa théorie qu'il s'agit d'examiner et que ce sont ses criti-
ques que nous cherchons à repousser. Encore, ceux qui ont
lu ses mémoires nous rendront-ils cette justice que parmi
ses attaques, nous n'avons guère retenu que celles qui ont
trait à la méthode de culture qu'il veut imposer au monde
forestier.

I.

La Sylviculture avant M. Gurnaud.

Que l'on se représente un propriétaire allant choisir dans son bois jour par jour, ou année par année, coupant çà et là, furetant de tous côtés, les arbres nécessaires à son usage. Cet homme *jardine* son bois. C'est là évidemment le point de départ des exploitations, alors que les forêts occupant la plus grande partie du sol, offraient une matière d'une abondance hors de toute proportion avec les besoins des hommes et par là, sans valeur. Plus tard, l'étendue des forêts diminuant en même temps que les besoins augmentaient, on a cherché à réglementer et à régulariser le *jardinage* qui est demeuré un mode de culture ayant ses exigences et ses lois. Tantôt on étend les coupes annuelles sur toute la forêt, le plus souvent, on les restreint sur une contenance donnée, de façon à revenir sur le même point au bout d'un laps de temps qui, au siècle dernier, variait, dans les forêts soumises au régime forestier, de 10 à 25 ans. Les coupes portent en premier lieu sur les bois morts, s'il en existe, puis sur ceux qui sont menacés de dépérissement, et enfin sur ceux que réclame la consommation ou qui gênent les bois plus jeunes, espoir de la forêt.

Quelques soins que l'on prenne, les exploitations occasionnent au peuplement, surtout aux jeunes bois, des dégâts dont les traces se retrouvent parfois jusque sur les sujets devenus exploitables qui montrent des vices résultant de blessures reçues antérieurement, même à une époque éloignée.

En outre, le désordre se glisse facilement dans les exploitations.

Pour remédier à ces inconvénients, on chercha à découvrir l'âge auquel il est le plus avantageux de couper les bois eu égard à l'emploi auquel on les destine, en d'autres termes, à déterminer leur *exploitabilité,* et on soumit la forêt à des coupes assises de proche en proche, de même contenance, en nombre égal à celui des années (*révolution*) représentant l'âge d'exploitabilité, et à l'expiration desquelles ces coupes reviennent au point de départ. On a donné à ce mode dans lequel *on va toujours en avant, sans rien laisser derrière soi,* le nom *d'exploitation à tire et aire.*

Il a été établi dans les bois soumis au régime forestier par plusieurs actes législatifs dont le plus important est l'édit du mois d'août 1669, si célèbre sous le nom d'ordonnance de 1669.

Dans le double but de favoriser la régénération et de procurer à la consommation des pièces de fortes dimensions, on devait laisser sur pied, sous le nom de *réserves* ou de *baliveaux,* 10 arbres par arpent (20 par hectare [1]).

On le voit, le *jardinage* et le *tire et aire* sont deux modes totalement opposés. Dans le premier, on n'enlève que quelques arbres sur toute l'étendue de la coupe, respectant soigneusement les jeunes brins, tandis que dans le second, on coupe tout, sauf quelques arbres de choix. Les peuplements qui résultent de l'emploi de l'un ou de l'autre de ces deux modes, se distinguent au premier coup d'œil. La forêt jardinée présente sur tous les points un mélange confus d'arbres de tous âges et de toutes dimensions. Dans la forêt à tire et aire, les âges sont massés par coupe depuis

---

1. L'hectare vaut 1 arpent 9580.

le brin naissant jusqu'à l'arbre arrivé au terme fixé pour la révolution, et la régularité du peuplement n'est interrompue que par les vieux baliveaux réservés lors de la dernière exploitation.

L'ordonnance de 1669, par cela même qu'elle prescrivait l'exploitation à tire et aire, interdisait le jardinage. Mais des arrêts du Conseil le maintinrent dans certaines forêts et notamment dans les bois résineux. En Lorraine, il était légal dans les sapinières. En Franche-Comté, après la réunion à la France, son application fut autorisée par ordonnance des grands maîtres après approbation en Conseil du Roi et par un arrêt du même Conseil rendu en matière générale, le 29 août 1730.

Mais si les praticiens continuaient le jardinage, au moins dans les forêts résineuses, il semble que nos auteurs forestiers du dix-huitième siècle, Buffon en tête, le réprouvaient et lui préféraient le régime du tire et aire. Toutefois, dès cette époque, on apercevait certains des inconvénients de ce dernier mode. L'ordonnance ne permettant aucune exploitation intermédiaire dans le cours de la révolution, on remarquait que bon nombre de brins périssaient sans avantage pour la consommation, étouffés par leurs voisins dont la croissance était d'ailleurs retardée par la lutte avec ceux-là mêmes qu'ils avaient fait mourir. On pensa qu'il y avait tout intérêt à enlever avant leur mort ces sujets encombrants et destinés à périr, et à activer la croissance du massif en le desserrant. De là les éclaircies. Elles ne s'introduisirent pas facilement dans nos forêts, et la plupart des auteurs les combattirent. C'est seulement vers 1790 que Varenne de Feuille en donna la théorie, et la période révolutionnaire aidant, elles firent peu de progrès en France dans les premières années de notre siècle.

Les Allemands, au contraire, les pratiquèrent sur une grande échelle, mais dans un autre esprit que Varenne de Feuille. Ils les complétèrent en y joignant des opérations destinées à assurer la régénération de la forêt par la dissémination naturelle des graines des arbres réservés, et le tout nous revint sous le titre de *Méthode du réensemencement naturel et des éclaircies*. On lui a donné depuis les noms divers de *Méthode allemande, naturelle, régulière, rationnelle*, etc.

L'apparition de ce mode de culture porta le dernier coup au régime à tire et aire qui n'est plus usité que dans les taillis. Pour obtenir le réensemencement naturel, on ne peut plus aller en avant sans rien laisser derrière soi. Les opérations destinées à atteindre ce but portent le nom de *coupes de régénération*, et se composent :

1° De la *coupe d'ensemencement*, qui conserve sur pied un massif assez clair pour laisser arriver jusqu'au sol la quantité de lumière suffisante aux jeunes brins naissants, et, en même temps, assez serré, assez *sombre* pour leur procurer un abri qui leur est indispensable ;

2° De la *coupe secondaire*, dont le but est de faire participer peu à peu les jeunes plants aux influences météoriques tout en leur conservant l'abri dont ils ne peuvent encore se passer. Cette coupe, dans bien des cas, doit, pour atteindre son but, être répétée plusieurs fois ;

3° De la *coupe définitive*, qui débarrasse de toute entrave le jeune peuplement devenu assez fort pour résister aux intempéries et auquel tout abri devient plus nuisible qu'utile.

Parallèlement à ces coupes, on pratique sur tous les peuplements non arrivés en tour de régénération, des exploitations dites d'éclaircie et de nettoiement destinées à desserrer le massif afin d'activer la croissance des brins les plus vigoureux et les plus beaux, et à enlever les sujets d'espèces inférieures qui entravent la végétation des essences d'élite. On donne à ces exploitations le nom générique de *coupes d'amélioration*.

Les forêts ainsi traitées sont dites *régulières*.

Quel que soit le mode de culture adopté, l'exploitabilité étant déterminée, le matériel[1] qui doit recouvrir le sol ou *capital d'exploitation* étant convenablement constitué, il s'agit de calculer la *possibilité*, c'est-à-dire le volume que l'on peut exploiter annuellement sans porter atteinte au capital. En d'autres termes, il reste à chercher le revenu, lequel n'est autre que l'accroissement annuel.

Dans les forêts à tire et aire, la possibilité est réglée par contenance, puisque toutes les coupes sont, en principe, d'égale étendue. Il en résulte que le revenu n'est pas fixe et qu'il varie avec la nature des peuplements que l'on rencontre successivement[2].

Dans l'application du jardinage et du réensemencement naturel et des éclaircies, on n'a pas cru pouvoir adopter la contenance pour base de la possibilité. On a donc cherché à déterminer le volume que l'on peut enlever chaque année de manière à assurer le *rapport soutenu*, c'est-à-dire une production annuelle constante et sensiblement égale.

1. Dans les questions du genre de celle qui nous occupe, on désigne le plus souvent le matériel ou volume des arbres sur pied sous le nom de *superficie* par opposition au sol ou *fonds*. Ces deux valeurs réunies constituent le capital engagé auquel il faut ajouter, suivant les cas, certaines dépenses d'amélioration.

2. On a cherché à corriger cet inconvénient en établissant la contenance des coupes en fonction de la fertilité du sol et de la nature du peuplement. Mais ce moyen n'a pas amené des résultats satisfaisants et durables, les facteurs sur lesquels il repose étant incertains et sujets à variation.

Pendant une grande partie de notre siècle on a accordé au rapport soutenu, tant en France qu'en Allemagne, une importance excessive[1]. Nos vieux forestiers n'étaient pas si rigoureux. Ils établissaient la possibilité des forêts jardinées par pieds d'arbres, à raison de 1 à 5 par hectare suivant l'état des peuplements, de sorte que, sur une forêt de 100 hectares, on coupait tous les ans de 100 à 500 arbres soit en disséminant l'exploitation sur toute la forêt, soit en la cantonnant sur une fraction seulement, ainsi que nous l'avons indiqué plus haut. Aujourd'hui, plusieurs forestiers français reviennent à cette possibilité ; mais elle ne pouvait cadrer avec les idées d'exactitude pour ainsi dire mathématique qui ont pendant un certain temps envahi, surtout en Allemagne, le monde forestier. Pour arriver au rapport soutenu, dans chaque forêt à aménager, on se livra sur un grand nombre d'arbres à des études longues, délicates et minutieuses qui fournirent des renseignements d'un haut intérêt sur la marche de la végétation, mais qui ne conduisirent pas au résultat cherché. On ne tarda pas à s'apercevoir que le mode adopté introduisait assez rapidement la confusion dans la forêt et dans les exploitations. On renonça à la recherche du rapport rigoureusement soutenu pour une longue échéance, et l'on se borna à déterminer la possibilité pour un temps relativement court.

Dans les forêts régulières on limita les recherches à la

1. Il ne peut exister réellement qu'autant que la forêt est homogène sous le rapport des essences et de toutes les circonstances qui influent sur la croissance et sur la valeur du matériel. Quand le propriétaire vend ses coupes, que lui importe qu'on lui livre tous les ans le même volume si, par suite de la nature des bois coupés ou des difficultés de la vidange, son revenu varie du simple au double ou même plus ? S'il consomme lui-même ses produits, 100 mètres cubes de hêtre ne lui rendront pas les mêmes services que 100 mètres cubes de bois de chêne.

durée d'une *période,* partie aliquote de la révolution, assez longue pour permettre d'assurer, pendant sa durée, la régénération complète, par les coupes d'ensemencement, secondaires et définitives, d'une étendue de forêt appelée *affectation périodique.* Il y a ainsi, dans la forêt, autant d'affectations que de périodes dans la révolution.

La possibilité déterminée pour la durée de la période ne comprend que le produit des coupes de régénération ou *produits principaux.* Ceux des coupes d'amélioration connus sous le nom de *produits intermédiaires* ou mieux *secondaires,* varient considérablement et, malgré leur importance relative assez grande, n'entrent pas dans le quantum de la possibilité.

Un forestier allemand, Hundeshagen, croyons-nous[1], apporta une réforme importante dans la recherche de la possibilité. Au lieu de scruter séparément, sur un nombre plus ou moins grand d'individus, la marche de la végétation pour en déduire la loi de l'accroissement de la masse, il consulta la forêt entière pour en tirer directement la possibilité. Voici en quoi consiste la méthode. On constate le volume sur pied, puis on fait les coupes pendant une période plus ou moins étendue, à l'expiration de laquelle on compte de nouveau le matériel. Des données de ces deux comptages combinées avec le volume exploité dans l'intervalle, on déduit l'accroissement. En présence d'un élement aussi variable, dont la valeur dépend de tant de causes di-

1. En général, en ce qui concerne les auteurs allemands, nous ne saurions être très affirmatif. Ne lisant leur langue que le dictionnaire à la main, nous sommes obligé, la plupart du temps, de nous en rapporter à des traductions ou à des analyses plus ou moins exactes et qu'il est même fort souvent très difficile de se procurer. Nous avons eu connaissance de la méthode de Hundeshagen en 1849. Nous ne saurions dire exactement à quelle époque elle remonte.

verses, on ne peut s'en tenir à une seule observation, et des révisions successives doivent être faites périodiquement, à intervalles peu éloignés, comme on le pratique d'ailleurs dans toutes les méthodes [1].

On n'accorda pas à cette méthode l'attention qu'elle méritait. On avait renoncé dans les forêts régulières à la détermination de la possibilité pour toute une révolution, et le jardinage, en Allemagne, aussi bien et peut-être plus qu'en France, était condamné comme un mode de culture vicieux. Le procédé de Hundeshagen tomba dans l'oubli.

Et cependant il est si simple et si naturel que bon nombre d'agents, aujourd'hui que les forêts jardinées reviennent en faveur, l'emploient sans se douter qu'ils ont été précédés dans cette voie par un Allemand.

II.

Le Contrôle.

M. Gurnaud pourrait bien être rangé parmi les forestiers qui, sans le savoir, appliquent la méthode de Hundeshagen. Il ne paraît pas qu'il en ait eu connaissance, et cependant elle forme le point de départ de son système. Il l'a combinée avec un autre procédé autrefois fort vanté, puis abandonné comme introduisant la complication et le désordre dans les

1. Dans les forêts traitées par la méthode du réensemencement naturel et des éclaircies, bien que la possibilité ne soit déterminée que pour une période dont la durée la plus ordinaire est de 30 ans, et que les calculs ne portent que sur le matériel d'une affectation, on recense les arbres de cette affectation ordinairement tous les 10 ans (par *décennie*) ou tous les 15 ans.

exploitations, et que l'on désignait sous le nom de *méthode par cases*. Par ses prescriptions, il se flatte, non seulement d'avoir écarté la confusion, mais d'avoir établi la régularité et un ordre rigoureux dans les exploitations. Dans tous les cas, il n'a pas, quoi qu'il pense, évité la complication, et tôt ou tard la confusion la suit. D'autre part, rien n'est moins régulier que la marche et l'importance de ses coupes, si toutefois on s'en rapporte à l'exemple fourni par le cahier d'aménagement qu'il a publié en 1878. La seule mesure qui puisse éviter le désordre, et nous reconnaissons volontiers qu'elle est importante, c'est que les coupes doivent avoir lieu par contenance.

Quant au rapport soutenu, bien qu'il paraisse d'abord devoir figurer dans la méthode, on le chercherait en vain dans l'application à la forêt des Éperons, et M. Gurnaud nous paraît faire bon marché de ce principe auquel d'autres ont attaché une importance trop grande.

Le mode de culture adopté n'est autre que le jardinage fortement amplifié.

Telle a été notre impression à la lecture des premiers mémoires que nous avons eus entre les mains, et bien d'autres ont été de notre avis. Mais au début des travaux de M. Gurnaud, on eût été, croyons-nous, fort mal reçu, à émettre cette opinion. Tout indique qu'il n'entendait nullement alors faire du jardinage, et qu'il avait la conviction de mettre au jour un mode de culture inconnu jusqu'à lui. Il évitait avec soin jusqu'aux expressions qui pouvaient, de près ou de loin, rappeler la forêt jardinée, et, lorsqu'il a voulu baptiser sa méthode, repoussant le nom de jardinage, il a choisi celui des registres que tous les procès-verbaux d'aménagement recommandent de tenir pour assurer l'exécution de leurs prescriptions. Il l'a appelée le *contrôle*. S'il crut devoir s'abriter sous la protection des anciennes méthodes, c'est plutôt à celle des éclaircies qu'il demanda un appui. Plus tard, en 1878, cherchant à se couvrir d'une sorte de légalité, il se mit sous le patronage de l'ordonnance de 1669, et il déclare dans son cahier d'aménagement, qu'il n'a fait que reprendre « la méthode française par contenance, dite à tire et aire ».

Enfin, en 1882, il avoue qu'il retourne simplement au jardinage et il déclare ce mode de traitement obligatoire dans les sapinières de Franche-Comté, en vertu de l'arrêt du Conseil en date du 29 août 1730, dont il ne fait pas connaître le texte [1].

Ainsi le *contrôle* est bien le jardinage, auquel est joint le moyen indiqué par Hundeshagen pour déterminer la possibilité. Ce procédé est, nous l'avons dit, très simple en théorie. Nous le rappelons ici sommairement tel que l'expose M. Gurnaud.

On partage la forêt en parcelles ou divisions. On compte et on cube les arbres debout, division par division. On fait les coupes de manière à parcourir entièrement, chaque année, une ou plusieurs divisions, et, en 5 ou 6 ans, toute la forêt. On recense alors à nouveau le matériel sur pied, on y ajoute le volume des bois exploités, on compare avec le premier comptage, et la différence représente l'accroissement acquis pendant la période écoulée, accroissement qui donne la possibilité pour la période dans laquelle on entre. Toutes les données recueillies dans ces opérations doivent être consignées sur un registre de contrôle qui donne son nom à la méthode et qui contient divers états ou tableaux dont le but est expliqué dans le cahier d'aménagement.

1. Curasson en donne un extrait dans son *Code forestier*, t. I, p. 398.

La prescription très sage de n'exploiter dans le cours de la période qui commence que l'accroissement acquis dans celle qui vient de s'écouler, assure, si elle est exécutée, la conservation du capital d'exploitation.

Ce serait toutefois rapetisser l'idée de M. Gurnaud que de la ramener à une conception aussi élémentaire que l'application à la détermination de la possibilité des futaies jardinées du procédé de Hundeshagen, quand même, au lieu d'effectuer les vérifications tous les 10 ou 15 ans, on les répéterait tous les 5 ou 6 ans. On sent bien que des comptages plus fréquents n'activeront pas la végétation. A vrai dire, il n'y a rien de bien neuf dans la méthode : elle repose sur des principes connus de longue date, mais exagérés, au moins à ce que nous croyons, dans leurs conséquences et dans leur application. Ces principes mêlés avec d'autres plus ou moins discutables et même contradictoires, sont épars un peu partout dans les divers mémoires publiés par M. Gurnaud.

La méthode du contrôle [1] repose sur le fait incontestable que les végétaux croissent plus vite quand ils ont de l'espace pour se développer, que quand ils sont serrés par leurs voisins. Tout le monde a pu remarquer ce fait dans les jardins et dans les champs, comme dans les forêts. C'est le principe des éclaircies. M. Gurnaud va plus loin : il pose en axiome que, dans un massif forestier couvrant une surface donnée, le taux d'accroissement, c'est-à-dire le rapport de l'accroissement au volume, varie exactement en raison inverse de ce volume, de sorte que le produit est invariable. Supposons, par exemple, que le matériel recouvrant un hectare soit

1. Au point de vue du régime, nous ne pouvons écrire sans hésitation ces mots : *Méthode du contrôle ;* car ils n'indiquent rien comme traitement à faire subir à la forêt. Ils semblent même exclure toute idée de culture.

égal à 600 mètres cubes et qu'il s'accroisse tous les ans de 18 mètres cubes à raison de 3 p. 100. Si, par une exploitation, on réduit ce matériel à 300 mètres cubes, le taux d'accroissement doublera et le produit annuel sera toujours 18 mètres cubes. C'est ce que M. Gurnaud exprime par la formule

$$M\alpha = M'\alpha'$$

M représentant le matériel primitif et α son taux d'accroissement, M' le matériel réduit et α' le taux d'accroissement correspondant.

Pour que cette égalité se réalise, il faut deux conditions :

1° Les arbres restant sur pied après l'exploitation doivent être assez nombreux et espacés assez régulièrement pour utiliser toute la fertilité ;

2° Leur nombre ne doit pas être trop exagéré, car alors le produit, c'est-à-dire l'accroissement absolu, s'abaisserait.

La première condition s'explique. Un seul arbre ne peut étendre ses racines sur tout un hectare. Une vingtaine d'arbres resserrés sur un point peuvent très bien se gêner mutuellement, tandis que le reste du terrain restera improductif.

Quant à la seconde condition, son évidence n'apparaît nullement à l'esprit. Que le taux d'accroissement baisse dans les arbres qui se gênent mutuellement, cela est certain. Mais 10 arbres peuvent, mieux que 5, enserrer le sol par leurs racines et en tirer les principes de la nutrition, de sorte que, malgré l'abaissement du taux, l'accroissement des 10 arbres peut être plus grand que celui des 5, et M. Gurnaud ne prouve pas le contraire.

Quel est ce nombre d'arbres ou mieux ce volume suffisant pour utiliser toute la fertilité ? On ne nous le dit pas. De divers cas, nous avons pu croire pendant longtemps que 300

mètres cubes [1] environ par hectare représentaient le matériel normal de M. Gurnaud. Mais il l'a porté ailleurs à 400
mètres cubes ; nous verrons même plus loin qu'il est allé,
sans s'en douter peut-être, à 600 mètres cubes.

Il semble que sur ce point comme sur beaucoup d'autres,
il agit d'intuition sans se préoccuper des raisons qui le déterminent.

Les principes qu'il invoque au cours de ses écrits parais-
sent trop souvent ramassés en passant pour le besoin de la
cause, et il en est qui se contredisent formellement. Ainsi
dans le cahier d'aménagement publié en 1878 et admis, nous
apprend son auteur, à l'Exposition universelle, il déduit des
expériences faites sur les parcelles 1 et 6 de la forêt des
Éperons, que le couvert du taillis, en se reformant, amé-
liore les conditions de végétation et favorise le grossissement
des réserves. Dans un mémoire adressé en 1880 à l'Institut [2],
les mêmes expériences sont invoquées pour prouver que la
formation du taillis diminue l'accroissement.

La formule fondamentale

$$M\alpha = M'\alpha'$$

ne nous paraît pas plus que d'autres principes tenir au cœur
de M. Gurnaud. Il l'a posée à une époque où il voulait
prouver qu'on pouvait réaliser la plus grande partie du ma-

---

1. C'est à peu près ce qu'on doit trouver dans une forêt jardinée en bon
état et convenablement située.

2. On a transformé bruyamment auprès des populations la lecture de ce
mémoire à l'Institut en une approbation donnée à la méthode par l'illustre
assemblée. M. Gurnaud, que nous sachions, n'a pas démenti ses trop zélés
partisans.

On se garde bien d'ailleurs de faire connaître que l'Académie des sciences
a décerné, il y a une vingtaine d'années, un prix à l'auteur d'un mémoire
sur les éclaircies, dont les conclusions ne sont pas du tout celles du contrôle.

tériel d'une forêt sur laquelle on l'avait consulté, tout en augmentant le revenu. Mais depuis, bien qu'il ait manifesté quelquefois l'intention de l'invoquer, il l'a souvent jetée par-dessus bord sans aucune apparence d'hésitation.

Nous nous contenterons de citer un seul exemple pris dans la division 6 de la forêt des Éperons et extrait du cahier d'aménagement.

| | MATÉRIEL sur pied | | TAUX |
DURÉE DES PÉRIODES.	au début de la période.	à l'expiration de la période [1].	d'accroissement.
	M. c.	M. c.	
Novembre 1862 à décembre 1865. . .	161 — 147		9.73 p. 100
Décembre 1865 à décembre 1868. . .	147 — 141		4.48 —
Décembre 1868 à mars 1876	141 — 143		6.08 —
Mars 1876 à novembre 1877.	143 — 149		2.64 —

1. Auquel il faut ajouter, pour avoir un terme de comparaison, le volume des coupes exploitées dans le cours de la période.

On a pu voir que dans le système, le taux d'accroissement a une prépondérance marquée. Il forme la base de l'exploitabilité et de la possibilité, et la culture doit tendre à lui donner la plus haute valeur possible. Les anciennes méthodes et l'enseignement officiel d'aujourd'hui laissent trop à l'écart, à notre avis, ce facteur important dans la recherche de l'exploitabilité. Plus d'une fois, dans le cours de notre carrière, nous avons eu à signaler les inconvénients de cette exclusion[1], et nous ne pouvons qu'approuver

1. Si nos souvenirs ne nous trompent point, c'est en 1852, à propos d'un aménagement, que nous nous sommes servi officiellement pour la première fois du taux de placement pour obtenir la valeur maxima que peut donner au sol le mode de culture de la forêt et pour déterminer l'exploitabilité.

son application, dans une certaine mesure, aux calculs re-
latifs à la recherche de l'exploitabilité d'une forêt. Mais,
comme pour le matériel sur pied, M. Gurnaud nous laisse
ici dans l'indécision sur le chiffre du taux normal. On est
obligé de constater dans ses écrits l'absence absolue de
théorie. De certains passages, on peut inférer qu'il prend
pour régulateur le taux légal de l'intérêt de l'argent. Mais
on en rencontre d'autres aussi dans ses divers mémoires,
et il nous paraît admettre définitivement 8 p. 100. Dans
tous les cas, il indique ce chiffre comme normal dans la
forêt des Éperons. Ce que l'on peut conclure de plus
certain, c'est que sur ce point l'auteur de la méthode du
contrôle se meut dans le vague.

On peut augmenter le taux d'accroissement en diminuant
outre mesure le matériel qui forme le capital d'exploitation, en le composant avec des bois d'un âge qui réduit à
néant leur utilité : ce n'est point là une solution. Étant
admis que le taux de placement a une influence prépondé-
rante dans la détermination de l'exploitabilité, il faut prendre pour régulateur celui auquel se font les placements en
fonds de forêts, c'est le seul qui puisse servir à évaluer la
valeur du sol[1] et faire connaître s'il est avantageux de le
cultiver en bois.

La solution de la question dépend :

1° Du taux de placement normal adopté pour les fonds
similaires ;

---

1. Il est souvent fort difficile de la dégager de la valeur totale compre-
nant celle du fonds et celle de la superficie réunies. Mais le raisonnement
n'en est pas moins exact, l'application seule en devient moins rigoureuse.
Du reste, dans toutes ces questions, qu'il s'agisse de forêts ou de terrains
agricoles, la pratique ne doit viser qu'à une approximation ; elle ne peut
prétendre à une exactitude mathématique.

2° Du produit qu'on peut retirer du sol dans un temps donné.

Ceci posé, nous dirons que pour qu'un bois soit exploitable, il faut que son accroissement soit égal au revenu normal du capital total, fonds et superficie, et nous entendons par revenu normal, le produit du capital par le taux de placement des fonds de bois dans la localité.

Tant que l'accroissement sera supérieur au revenu normal, il y aura avantage à différer la coupe, puisque l'accroissement, en restant uni au matériel sur pied, donnera un produit supérieur à celui qu'on en tirerait en le réalisant immédiatement et le plaçant au même taux. Le matériel augmentant et le taux diminuant par suite de l'accumulation d'année en année, il arrivera que le produit deviendra égal à la rente normale. Dès lors, rien ne sollicitera le propriétaire à différer l'exploitation, puisque l'accroissement annuel réalisé pourra être placé au taux de rendement des bois, tandis que, restant sur pied, il augmenterait encore la superficie, ferait par suite baisser le taux et entraînerait le revenu du capital au-dessous de la rente normale.

D'après la formule $M\alpha = M'\alpha'$, le revenu devrait rester le même, et cet excédent de matériel deviendrait improductif. Mais si, ce que nous considérons comme la vérité, le taux ne varie pas exactement en raison inverse du matériel, il pourrait fort bien arriver que le revenu se trouvât augmenté, bien que le taux de production de la superficie eût diminué.

Supposons que la valeur du fonds soit 100,000 fr., celle de la superficie normale 300,000 fr., et par conséquent celle du capital total, 400,000 fr. Si le taux de placement est 3 p. 100, le revenu normal sera 12,000 fr., ce qui répond à un accroissement de la superficie de 4 p. 100.

Qu'on laisse le matériel s'accumuler, qu'il arrive à représenter une valeur de 400,000 fr. et que l'accroissement de la superficie tombe à 3 $^1/_2$ p. 100, le produit sera 14,000 fr., supérieur de 2,000 fr. au revenu normal ; mais il ne représentera plus que 2.8 p. 100 du capital.

On peut considérer ce capital comme formé de deux parties : l'une, d'une valeur de 400,000 fr. représentant le capital normal et produisant, au taux de 3 p. 100, un revenu de 12,000 fr. ; l'autre, représentant le matériel surabondant, d'une valeur de 100,000 fr., mais ne produisant plus qu'un revenu de 2,000 fr., tandis que, réalisé et placé dans des conditions normales, il rapporterait 3,000 fr.

Telle doit être, selon nous, la théorie, du moment où l'on admet l'intervention du taux d'accroissement dans la détermination de l'exploitabilité. Il est entendu d'ailleurs que nous faisons abstraction de toutes les circonstances particulières et des considérations culturales qui peuvent modifier l'application de la théorie.

Parmi les principes ou propositions émises par M. Gurnaud à l'appui ou comme corollaire de sa méthode, plusieurs méritent de nous arrêter.

1° Elle simplifie le travail et, tout au moins, si elle ne le réduit pas, elle ne l'augmente pas.

Nous engageons ceux qui seraient séduits par cette promesse, à consulter le cahier d'aménagement et à examiner les nombreux états nécessités par la partie purement technique de la gestion de 104 hectares. Ils pourront supputer quelle somme de travaux et quel nombre d'agents supérieurs exigerait la régie des 3 millions d'hectares dont se compose le domaine forestier de l'État, des communes et des établissements publics, même en acceptant l'assurance que nous donne M. Gurnaud que, pour connaître et administrer une forêt, il n'est pas nécessaire de se transporter sur le terrain, précepte que nous le soupçonnons d'avoir suivi trop scrupuleusement ;

2° Les coupes faites d'après les principes indiqués ont pour résultat d'arrêter ou tout au moins d'atténuer la production des bois morts.

L'application faite à la forêt des Éperons ne nous paraît nullement concluante, et nous prouverons même plus loin que nulle part on n'a eu à constater la présence de bois morts dans une aussi grande proportion ;

3° Au bout d'un certain temps de l'application du traitement, les arbres de même circonférence à $1^m,33$ du sol donnent des cubes plus forts que les anciens.

Le traitement a pour but de donner aux arbres le plus d'espace possible. Or, jusqu'à preuve du contraire, nous reconnaissons, avec tous ceux, sauf M. Gurnaud, qui s'occupent de l'exploitation ou de la culture des bois résineux, que plus les arbres sont clair-plantés, moins ils sont élevés, plus ils sont coniques[1], et par suite, moins, à diamètre égal à $1^m,33$, le volume de la tige est grand. C'est même à la forme conique et au développement des basses branches que l'on reconnaît les arbres qui ont été soumis au jardinage, ou qui ont crû dans des massifs clairs ;

4° Dans les bois résineux, plus la couche annuelle est épaisse, plus le bois est résistant.

Cette proposition, vraie dans les bois feuillus, dans le chêne par exemple, est absolument fausse dans les bois résineux, le sapin, l'épicéa, etc. A défaut de l'enseignement de l'École de Nancy repoussé par M. Gurnaud, et des expériences de MM. Bravais et Martins sur les pièces de mâture,

---

1. *Carolte,* suivant l'expression des estimateurs et des bûcherons.

qu'il n'accepterait probablement pas davantage, nous lui conseillerons de s'adresser tout bonnement aux marchands, aux ouvriers en bois et aux simples bûcherons. Tous lui diront que les sapins à *grosse crue* sont moins résistants, de moindre durée et moins estimés que ceux à veine mince ;

5° Autrefois, les bois de service de fortes dimensions étaient seuls recherchés, mais les progrès de l'industrie ont modifié cette situation, et, des expressions employées par M. Gurnaud, on pourrait croire que les grosses pièces n'ont plus qu'une valeur égale, sinon inférieure à celle des petits bois. D'où la conséquence facile à tirer, qu'il faut couper tous les gros arbres et ne pas les laisser vieillir. Il est vrai que, dans le cahier d'aménagement, l'échelle de progression des prix en raison de la grosseur des pièces se trouve rétablie pour augmenter le taux de l'accroissement en argent ;

6° Le grossissement des arbres et, par conséquent, la végétation s'arrêtent fin juillet. Par contre, nous les retrouvons ailleurs en activité de novembre à mars.

L'étrangeté de quelques-unes de ces propositions pourra étonner nos lecteurs. Nous ne pouvons que les engager à explorer attentivement les divers mémoires publiés par M. Gurnaud. Ils reconnaîtront que nous n'avons rien inventé, et, chemin faisant, ils feront des découvertes aussi curieuses que ce que nous venons de leur exposer. Convaincu de l'infaillibilité de sa doctrine, M. Gurnaud se laisse entièrement dominer par cette idée fixe. Or, rien peut-être n'est plus contraire à la découverte de la vérité que cette disposition d'esprit. Elle provoque, quelle que soit d'ailleurs la bonne foi de l'observateur, les explications captieuses et les compromis avec soi-même. Elle dispose à une fausse interprétation des faits, à leur adaptation à une argumentation préconçue et détourne d'un examen impartial et

d'une critique raisonnée. Il est arrivé aux plus grands es-
prits de tomber dans ce piège et M. Gurnaud ne nous paraît
pas y avoir échappé.

III.

Expériences.

Dans le cahier d'aménagement, M. Gurnaud nous apprend
que ses études ont porté sur 25,000 hectares, mais que par
suite de division, de changement de propriétaire, les exploitations n'ont pu être suivies pendant un temps suffisant
pour donner toutes des résultats d'expériences.

Nous ne connaissons pas le champ d'études de M. Gurnaud. Nous savons seulement que deux propriétaires dans
le Jura lui ont confié la gestion de leurs forêts, et encore
l'un d'eux a-t-il renoncé à la méthode au bout de quelques
années, sans que nous puissions dire pour quels motifs[1].

---

1. Le 6 novembre 1864, un épouvantable ouragan se déchaîna sur le haut
Jura, ayant son centre sur le plateau du Risoux, couvert de forêts soumises
au régime forestier, où il causa de grands dégâts. De là, il se dirigea sur le
Grandvaux, puis, en s'éparpillant, sur divers points de la chaîne, s'affaiblis-
sant à mesure qu'il s'étendait et s'éloignait des hauts plateaux. Une de ses
branches atteignit une des forêts régies par M. Gurnaud et y occasionna un
grand nombre de chablis. Quelques personnes prétendirent que cet accident
fut la cause de la séparation de M. Gurnaud et du propriétaire de la forêt.
Le rapprochement des dates ne permet guère d'admettre cette opinion.

Ainsi que l'ont fait observer les agents forestiers qui ont été consultés,
il n'était nullement besoin d'attribuer le désastre à des exploitations im-
prudentes, il s'expliquait naturellement par l'action de l'ouragan si affaibli
qu'il fût.

M. Gurnaud ne crut pas devoir imiter la réserve ou l'esprit de justice de
ses anciens camarades. Il les signala résolûment comme les auteurs du désastre au Risoux.

Le cahier d'aménagement ne donne que les opérations faites sur une seule forêt, celle des Éperons, d'une contenance de 104 hectares, et encore nous fait-il connaître qu'elle fait partie d'une *série d'exploitation*[1] plus considérable qu'un autre document nous permet de supposer contenir 198 hectares. Rien d'ailleurs ne vient nous éclairer sur les motifs de cette exclusion de 94 hectares auxquels le cahier d'aménagement est resté fermé.

Les 104 hectares de la forêt des Éperons ont été partagés en huit divisions d'importance inégale quant à l'étendue et au matériel sur pied. Le cahier d'aménagement mentionne bien le rapport soutenu et l'on pourrait, de prime abord, croire que ce principe fait partie de la méthode; mais on ne tarde pas à reconnaître qu'il n'en est rien, et que la possibilité établie par contenance subit de période à période et d'année à année, des variations considérables. On pourrait même dire qu'il n'y a pas de possibilité dans le sens strict du mot.

La période admise est de six ans.

Elle est trop faible à notre avis. Les exploitations trop fréquemment répétées fatiguent le peuplement et occasionnent le dépérissement prématuré de certains sujets. M. Gurnaud accepte ce terme de six ans comme un maximum de durée pour *la période*. Nous estimons, quant à nous, qu'on ne doit l'adopter que dans des circonstances exceptionnelles que nous n'apercevons nullement dans la forêt des Éperons.

Quand on se livre à la recherche ou à la démonstration

---

1. On appelle série d'exploitation un ou plusieurs massifs, ou une ou plusieurs portions de massifs solidaires et destinées à supporter la succession des coupes qui constituent l'exploitation complète d'une forêt régulièrement constituée. Autrement, une série d'exploitation est une véritable forêt composée d'une ou de plusieurs parties.

d'une loi naturelle, on s'entoure d'ordinaire de toutes les précautions qui peuvent écarter les chances d'erreurs et assurer la précision dans les expériences. Or, il semblerait que M. Gurnaud a cherché au contraire à donner la plus grande élasticité à ses observations.

Dans les mesurages, aucune précaution n'a été prise pour s'assurer qu'ils se feront toujours à la même hauteur. Ils sont exécutés au moyen d'un compas forestier, instrument précieux dans nombre de cas, surtout quand on veut opérer avec rapidité, mais dont l'emploi ne saurait être toléré dans une opération de précision. Pour augmenter ses défauts, on l'a gradué de manière à donner la circonférence de 20 en 20 centimètres, ce qui, suivant la grosseur des arbres mesurés, peut amener pour une faible erreur d'observation, des différences de volume de 10 à 70 p. 100. Tous ceux qui ont employé le compas connaissent cet inconvénient. Ils savent aussi que, si les compteurs ne sont pas très bien choisis, suivis et dirigés avec soin, deux comptages successifs peuvent conduire aux résultats les plus inattendus. Or, il ne faut pas oublier que M. Gurnaud a pour principe d'abandonner à ses compteurs le martelage des coupes et le mesurage des arbres, se tenant, quant à lui, complètement à l'écart des opérations sur le terrain.

On doit reconnaître, toutefois, que si une longue série de comptages concluaient tous dans le même sens, on aurait grande chance, sinon certitude, d'être dans le vrai. Mais on n'en est pas là dans la forêt des Éperons. De plus, quand les résultats sont favorables, on les considère comme inattaquables. Si, au contraire, ils viennent donner un démenti à la théorie, on les explique et nous verrons de quelle sorte.

Les complications ayant été multipliées dans les divers états qui font partie intégrante du *contrôle* et les moyens d'éviter les erreurs ayant été négligés, on peut prédire presque à coup sûr que des inexactitudes se sont glissées dans les calculs, et il ne faut pas aller loin pour en découvrir.

Prenons la division I, la première qui se présente dans les calculs d'accroissement.

On trouve que 310 arbres ont passé à la futaie dans le cours de la première période, de 1863 à 1869. Si l'on consulte l'état de la futaie au 1er janvier 1869, on ne trouve que 268 arbres de 0m,60 de circonférence, 42 arbres passés à la futaie avaient donc au moins 0m,80 de circonférence, et ils figurent à l'état de la futaie avec le volume correspondant. Mais quand on les retranche du cube total pour calculer le taux d'accroissement, on ne les considère plus que comme ayant tous 0m,60 de circonférence.

Et il en est ainsi partout, le cas échéant. Dans la division IV, le nombre des arbres passant à la futaie pendant la première période est de 455. Or, l'état de la futaie au 1er janvier 1869 porte en sapin de 0m,60, 150 ; de 0m,80, 203 ; de 1 mètre, 225. D'où il résulte que, sur les 455 arbres passés à la futaie, 102 au moins ont atteint 1 mètre de circonférence, qu'ils figurent comme tels au cube total, et qu'on ne les rencontre plus qu'avec le volume correspondant à 0m,60 de circonférence, lorsqu'il s'agit de les retrancher.

Nous déclarons que ces erreurs ont en elles-mêmes peu d'importance, vu la faiblesse relative des arbres sur lesquels elles portent. Toute leur gravité réside en ce que, étant des plus faciles à éviter et ayant été malgré cela commises à chaque occasion, elles permettent de supposer que tout le soin désirable n'a pas été apporté aux calculs, qu'il a pu s'y glisser d'autres erreurs plus considérables que la disposition des états et le peu de précautions prises pour assurer la régularité et la vérification des comptages sur le terrain ne permettent pas de découvrir.

Dans la division V, même erreur, mais nous y rencontrons en outre une particularité qui mérite d'être signalée. Cette division, d'une étendue de 10 hectares 66 ares, est, suivant M. Gurnaud, la mieux constituée de la forêt. Le matériel à l'hectare était en moyenne en 1863 de 270 mètres cubes, volume que M. Gurnaud regardait en 1867 comme suffisant pour utiliser toute la fertilité d'un sol de bonne qualité. De 1869 à 1875, les données recueillies font ressortir un accroissement de 2.28 p. 100 seulement, et à intérêts simples. M. Gurnaud ne peut se contenter d'un taux si contraire à ses promesses. Il suppose que l'on n'a pas compté tous les bois morts, qu'il a dû s'en produire tous les ans, de 1867 à 1875, 90 mètres cubes, soit 80 mètres cubes de plus qu'il n'en est accusé par les états, et il arrive ainsi à relever le taux d'accroissement à 4.48 p. 100 [1]. Il faut lire dans le cahier d'aménagement le développement de ces suppositions, et des conclusions qu'elles engendrent.

Arrêtons-nous un instant sur cet incident. La méthode devait diminuer ou supprimer la production des bois morts. Or, il est regardé comme normal que leur volume s'élève annuellement sur 10 hectares 66 ares, à 90 mètres cubes, soit à plus de 8 mètres cubes par hectare, ce qui, pour les 20,000 hectares environ de forêts de résineux purs ou mélangés soumis au régime forestier dans le Jura, correspondrait à 160,000 mètres cubes annuellement. Quels cris d'indignation un chiffre pareil arracherait à M. Gurnaud et à ses amis !

---

1. Ce qui est encore loin de 8 p. 100 admis par M. Gurnaud comme taux normal.

Et, chose remarquable, ces 80 mètres cubes, une véritable coupe, ont été exploités tous les ans, à l'insu du propriétaire, sans que le régisseur en ait eu connaissance, sans que le garde et les bûcherons s'en soient aperçus.

Mais la vérité est peut-être encore plus grave, car il y a eu en effet des bois morts et beaucoup plus que ne le dit M. Gurnaud. Au 29 juillet 1874, il avait déjà été marqué dans la série entière, plus de 1,100 sapins morts, et toutes les coupes de l'année, nous a-t-on assuré, ont été constituées par des bois secs, bien que les relevés du cahier d'aménagement n'indiquent que des bois vifs. Tout cela n'implique pas une grande fidélité dans la tenue des états. M. Gurnaud dira sans doute que, conformément à ses principes, il n'a pas visité la forêt, qu'il s'en est rapporté aux données qui lui ont été transmises ; mais il nous permettra de penser que sa présence sur les lieux aurait pu éviter bien des inexactitudes et qu'il est un peu imprudent de vouloir déduire une loi générale de renseignements recueillis au moyen de procédés aussi..... « bizarres » [1].

Quoi qu'il en soit, M. Gurnaud poursuit son chemin sans paraître autrement ému des quelques accrocs que subissent ses prévisions, et il finit par annoncer que, dans l'espace de 21 ans, de 1875 à 1896, on aura constitué dans la forêt des Éperons un matériel *normal* de 32,200 mètres cubes (310 mètres cubes par hectare), donnant un accroissement annuel de 8 p. 100, soit 2,576 mètres cubes qui, à raison de 20 fr. l'un sur pied, représentent un revenu de 51,500 fr. ou environ 500 fr. (495 fr.) par hectare.

Le traitement ayant commencé en 1863, on se demande

1. Nous retrouverons tout à l'heure ce qualificatif appliqué à des mesures prescrites par nous.

comment on ne compte pas à partir de cette année le temps nécessaire à la transformation, au lieu de reporter, sans motif apparent, le point de départ en 1875. Est-ce parce qu'on a fait un peu imprudemment une méchante coupe de 1,300 mètres cubes environ, en 1868, pour faire disparaître l'excédent soi-disant reconnu de l'accroissement annuel sur les coupes ? Est-ce parce qu'il y a eu trop de bois morts de 1863 à 1875? Toujours est-il qu'en 1875, après douze ans de transformation et d'application de la méthode, le matériel était, de l'aveu du cahier d'aménagement, en déficit de 1,200 mètres cubes sur 1863.

Mais qui nous répond qu'il n'en sera pas de même en 1896 ? Peut-être serait-il sage d'attendre cette époque pour nous parler des résultats brillants qu'on nous prédit. Mais M. Gurnaud n'admet pas que l'on doute de ses promesses, pas plus que de ses axiomes. Qu'il change ceux-ci et recule la réalisation de celles-là, on est tenu de les admettre sans conteste et il s'indigne à la moindre observation qui n'implique pas une adhésion complète.

Toujours est-il qu'une promesse, réalisable à bref délai, d'un revenu annuel de 500 fr. par hectare est bien faite pour réjouir une commission du budget. Ce serait pour les forêts de l'État, si on y introduisait le contrôle, 500 millions par an.

Mais ce n'est pas là le dernier mot de M. Gurnaud. Il suppose une forêt dont le matériel est surabondant, ce qui, suivant lui, est le propre des forêts soumises au régime forestier, et il examine ce qui doit résulter de l'introduction de la méthode. Les conclusions mises en regard des précédentes, sont assez singulières. D'abord, il faudra plus de temps pour ramener un matériel surabondant au chiffre normal, que pour créer celui-ci dans les forêts en déficit. Ensuite, ce chiffre normal n'est plus 310 mètres cubes par hectare : c'est 400 mètres cubes qui doivent donner toujours un accroissement annuel de 8 p. 100, soit, par hectare, 32 mètres cubes. Enfin, le prix du mètre cube n'est plus 20 fr., c'est 30 fr., ce qui élève le produit annuel moyen par hectare à 960 fr., autant dire 1,000 fr.

C'est donc pour le million d'hectares que possède l'État un revenu annuel d'un milliard !

Encore devons-nous remarquer que M. Gurnaud n'est pas logique, et qu'il reste au-dessous de la vérité. Il adopte 8 p. 100 pour taux normal de l'accroissement. Pourquoi? Quel propriétaire intelligent voudrait couper des bois qui constituent un placement assuré au denier 12 pour en employer le prix d'une manière beaucoup moins sûre et avec un revenu moindre ! Nous ne supposons pas que la fameuse formule

$$M\alpha = M'\alpha'$$

soit applicable ici, puisque nous voyons que le taux est le même pour 310 mètres cubes que pour 400. Or, en laissant s'accroître le matériel sur pied, on peut très bien conserver encore un taux d'accroissement supérieur au véritable taux normal et obtenir un produit supérieur. Nous avons exposé plus haut la théorie qui doit guider dans la détermination de l'exploitabilité.

Si les prévisions de M. Gurnaud étaient justes, on devrait compter logiquement sur un revenu annuel de 1,200 à 1,500 fr. par hectare, soit en tout 1,200 à 1,500 millions pour l'État, et 2 à 2 $^{1}/_{2}$ milliards pour les communes. Il y a de quoi faire exulter toutes les commissions de budget. Mais pour nous, qui avons quelquefois observé la marche de la végétation, nous nous permettons de croire qu'il y a dans les écrits de M. Gurnaud beaucoup plus d'imagination que de réalité, d'autant plus que la contre-épreuve demandée par lui a donné des résultats qui ne cadrent pas du tout avec les siens.

———

IV.

Contre-expérience.

En 1867, la commune de Syam demanda qu'une parcelle de sa forêt fût, à titre d'essai, exploitée d'après la méthode de M. Gurnaud. Puisqu'il ne s'agissait que d'une expérience, il eût peut-être été plus simple de s'entendre avec l'administration pour faire suivre les opérations de la forêt des Éperons par les agents forestiers : ils auraient expérimenté avec M. Gurnaud, chacun faisant et consignant sur le registre ses observations. L'idée ne paraît en être venue à personne. Toujours est-il qu'il fut convenu que des expériences seraient faites dans la forêt communale conformément à la demande contenue dans une délibération du conseil municipal dont nous n'avons pu retrouver la date, mais que divers documents nous font supposer être de mars 1867. Dans la contrée, M. Gurnaud passe à tort ou à raison pour être le rédacteur des délibérations du conseil municipal de Syam relatives aux forêts. Quoi qu'il en soit de cette opinion, il ne saurait répudier la paternité de la délibération en question. Outre que le style en décèle l'origine, elle est insérée à la suite de son mémoire sur cette même forêt de Syam, imprimé cette même année, et auquel elle renvoie.

Les événements de 1870 et 1871 retardèrent l'exécution de la convention et amenèrent la destruction du dossier d'aménagement de la forêt communale. Il dut être reconstitué, de nouveaux travaux furent entrepris, et ce n'est qu'à partir de l'hiver 1874-1875 que put commencer l'expérience.

Voici le passage de cette délibération qui concerne l'expérience à faire :

« Le Conseil. . . . .

« Délibère. . . . .

. . . .

« Qu'une coupe d'éclaircie conforme aux indications de
« la page 26 du Mémoire, soit faite cette année même sur
« l'étendue totale d'une division, et que les arbres réservés
« dans cette coupe soient mesurés et estimés au moment du
« martelage et ensuite d'année en année, afin de faire con-
« naître la marche de l'accroissement. »

Cette délibération fut modifiée ultérieurement en ce sens que la division à expérimenter fut choisie par la commune (parcelle E) et qu'elle dut être partagée en cinq coupes venant successivement en tour d'exploitation pendant une période de cinq ans, indéfiniment renouvelable.

Le passage de la page 26 du Mémoire auquel renvoie cette délibération est ainsi conçu :

« Ces résultats, quelle que soit l'impression qu'ils puis-
« sent produire tout d'abord, n'ont rien d'exagéré ; on peut
« en établir la preuve dans la forêt de Syam, sans s'exposer
« à aucun danger. Il suffit pour cela de répéter dans cette
« forêt les opérations faites dans deux forêts des Vosges et
« du Jura et rapportées précédemment comme expériences. »

Et au bas de la page, en renvoi :

« Ces opérations consistent à exploiter du quart au tiers
« du matériel existant, en ayant soin de réserver les meil-
« leurs arbres des peuplements et de les espacer également
« entre eux. Après le martelage, on mesurera et l'on cu-

« bera les arbres réservés. La coupe ainsi faite n'occasion-
« nera pas de chablis. Deux ou trois ans après, on mesurera
« et on cubera de nouveau les mêmes arbres de la même
« manière que la première fois, et la comparaison des deux
« cubages fera connaître l'accroissement, qui ne sera cer-
« tainement pas inférieur à celui qui a été constaté dans
« les expériences rapportées ci-dessus, expériences faites
« dans des sapinières présentant des conditions de fertilité
« et de peuplement moins avantageuses que celle de Syam. »

Pour compléter les instructions relatives à l'opération ré-
clamée, il est nécessaire de faire connaître les expériences
mentionnées et rapportées au même Mémoire, page 21.

« 1re Expérience. Une division de 9 hectares 86 ares
« d'une sapinière pure située dans les Vosges, de même
« âge que la première affectation des bois de Syam, et dans
« un terrain moins fertile, contenait 3,507 mètres cubes,
« soit par hectare 356 mètres cubes. On a enlevé pour for-
« mer la coupe d'ensemencement 1,043 mètres cubes, et il
« restait 2,464 mètres cubes, soit 250 mètres cubes par
« hectare. Ce matériel, suffisant pour utiliser toute la ferti-
« lité, était composé des meilleurs arbres également espacés
« entre eux. Au bout d'un an, il ne s'était pas produit de
« chablis, et on a constaté un accroissement de 25 mètres
« cubes par hectare, correspondant au taux de 10 p. 100.

« 2e Expérience. Une division de 17 hectares 29 ares[1]
« d'une sapinière pure, située dans le Jura, de même âge,
« un peu moins fertile que la première affectation de la
« forêt de Syam, et dont les peuplements avaient souffert
« par des exploitations irrégulières faites précédemment,
« contenait 1,914 mètres cubes, soit 169 mètres cubes par
« hectare ; 1,103 mètres cubes ont été exploités sous forme

1. Nous ne savons dans quelle forêt est située cette division.

« de coupe de régularisation. Il restait 1,811 mètres cubes,
« soit 105 mètres cubes par hectare, matériel insuffisant pour
« utiliser toute la fertilité ; mais on ne pouvait utilement
« réserver davantage à cause de l'irrégularité des peuple-
« ments. Au bout de deux ans, on a constaté un accroisse-
« ment de 670 mètres cubes, soit 19 mètres cubes par
« hectare et par an, correspondant au taux de 17 p. 100,
« intérêts composés. »

Enfin, puisque nous en sommes aux citations, complé-
tons-les par la page 17 du Mémoire de 1867, page à laquelle
il sera renvoyé plus tard. M. Gurnaud, après avoir établi
cinq phases dans la végétation, afin de mieux prouver la
perte immense que les agents forestiers font subir à la
commune, fait observer à cette page 17 que :

« D'après la description des affectations données au pro-
« cès-verbal de la commission, on voit par l'âge qui leur
« est attribué que :

« La 1re affectation est dans la cinquième phase et s'ac-
« croît à raison de 0.9 p. 100 l'an ;

« La 2e affectation est dans la quatrième phase et s'ac-
« croît à raison de 2.5 p. 100 l'an ;

« Les 3e et 4e affectations sont dans la troisième phase et
« s'accroissent de 8.5 p. 100 l'an. »

Ce ne sont là, répétons-le, que les résultats malheureux
d'une surabondance de matériel laissé sur pied par l'administration des forêts et « la pratique établira, ainsi qu'on a
« pu le constater dans d'autres forêts, que le taux moyen
« de l'accroissement dans la forêt de Syam, après l'enlève-
« ment du matériel surabondant, sera supérieur à 10 p.
« 100. » (Page 27 du Mémoire de 1867.)

La parcelle E, désignée par la commune et par M. Gurnaud pour subir l'expérience, fait partie de la 2e affectation.

Placé à la tête de la conservation du Jura, nous avons dû veiller à ce que l'expérience se fît dans des conditions aussi rigoureuses que possible de sincérité et de précision. C'est dans ce but que nous avons transmis à nos collaborateurs les *recommandations qui suivent*, en appuyant d'une manière toute particulière sur la nécessité de faire les observations annuelles pendant la stagnation de la sève et autant que possible à la même époque, au mois de décembre. Les résultats furent consignés sur des registres en nombre égal à celui des divisions, chacune ayant son contrôle particulier. Chaque arbre est numéroté et, à chaque observation ses dimensions sont portées au registre en face de son numéro, de manière à pouvoir suivre au besoin la marche de la végétation sur chaque pied.

En tête de chaque registre, on lit le résumé suivant des instructions transmises :

« *Forêt communale de Syam.* »

« Relevé des éclaircies pratiquées sur la parcelle E, avec une rotation de 5 années, à partir de 1874. »

« *Nota*. Les arbres réservés[1] seront tous numérotés par coupe. Ils seront ceints d'une marque circulaire au goudron, à $1^m,33$ du sol, mesurés du côté de la rampe, après que la mousse aura été enlevée[2].

« La circonférence sera prise sur cette marque de 2 en 2 centimètres, au moyen d'un cordon gradué exactement. (Les cordons de tailleurs de $1^m,50$ sont les meilleurs.)

« Le tarif de la commune étant établi de 20 en 20 centimètres, on devra en établir un nouveau au moyen des

1. Après la première opération.
2. On comprend que la mousse laissée sur le tronc des arbres ne permet pas de prendre exactement la circonférence.

RELEVÉ DES OPÉRATIONS D'ÉCLAIRCIE PRATIQUÉES SUR LA PARCELLE E AVEC UNE ROTATION DE 5 ANS.

Coupe n° 1. — Contenance : 1 hectare 48 ares.

NUMÉROS DES ARBRES.	1re ÉCLAIRCIE (1874-1875) après la feuille de 1874 et avant celle de 1875. RÉSERVE.		2e ÉCLAIRCIE (1879-1880) après la feuille de 1879 et avant celle de 1880. RÉSERVE.		ABANDON.		3e ÉCLAIRCIE (1884-1885).	4e ÉCLAIRCIE (1889-1890).	5e ÉCLAIRCIE (1894-1895).	OBSERVATIONS.
	Circonférence à 1m,33 du sol.	Volume de la tige.	Circonférence à 1m,33 du sol.	Volume de la tige.	Circonférence à 1m,33 du sol.	Volume de la tige.				

arbres tombant dans l'éclaircie. Ce tarif pourra être confectionné de manière à donner soit le volume réel, soit le volume cylindrique qui s'obtient au moyen de la circonférence moyenne et de la longueur de tige propre au service.

« La cime et les branches ont été évaluées dans le tarif de la commune à $0^m,137$ du volume de la tige. Cette proportion est peut-être un peu forte pour la parcelle E. Elle pourra être vérifiée au besoin.

« Pour établir le tarif au moyen d'un coefficient de la circonférence à $1^m,33$ à celle du milieu, il faut avoir soin de mesurer la première sur les arbres abattus, non pas à $1^m,33$ de la coupe, mais à $1^m,33$ du sol, du côté de la rampe.

« La colonne d'observation contiendra tous les renseignements et particularités qui ne trouveront pas place dans les colonnes du tableau.

« Indiquer l'âge des bois lors de la première éclaircie.

« Les chablis et bois secs qui se produiront et qui seront enlevés entre deux opérations successives, seront inscrits sur l'état et la date de la mort ou de la chute sera indiquée dans la colonne d'observation.

« L'éclaircie sera faite suivant les principes exposés par M. Gurnaud dans le Mémoire imprimé publié par la commune de Syam (voir à la page 26, en note, dudit Mémoire et les tableaux des pages 54 et 55). »

La parcelle E contient en tout 9 hectares 45 ares, mais les agents forestiers de l'inspection de Poligny, de concert avec M. le maire de Syam, ont jugé opportun de ne pas faire porter l'expérience sur la partie située à l'ouest du chemin des Prés-Grillet, ce qui a réduit le champ des expériences à 7 hectares 38 ares, lesquels ont été divisés en 5 coupes. Les trois premières contiennent chacune . . 1^h48^a

Soit pour les trois, ci. . . . . 4^h44^a

Les 4e et 5e ne contiennent chacune que 1 hectare
47 ares, en tout . . . . 2^h94^a

Total égal. . . . . 7^h38^a

L'exploitation a eu lieu en suivant l'ordre des numéros, la première période ou rotation commençant dans l'hiver de 1874-1875 et expirant dans celui de 1878-1879.

Les opérations ont été faites en présence d'un membre de la municipalité de Syam et presque toujours, surtout dans les premières années, de M. le Maire lui-même.

Comme dans la forêt des Éperons, les calculs n'ont porté que sur les sapins, le volume des hêtres étant insignifiant. Mais dans les calculs, nous avons adopté une marche différente de celle de M. Gurnaud.

Ses termes de comparaison sont en effet les volumes recensés par division *sur toute la forêt au début et à l'expiration de la période*. Or, pendant sa durée, le premier de ces volumes a été modifié par les exploitations et la portion enlevée a exercé sur l'accroissement une action que M. Gurnaud a bien signalée, mais qu'il n'a pas su dégager ou dont il n'a pas jugé utile de tenir compte.

Nous avons paré à cet inconvénient par un moyen des plus simples : nos deux termes de comparaison sont, sur chaque coupe, 1° *le volume réservé au moment d'une exploitation* et 2° *le matériel total, réserve et abandon, au moment de l'exploitation suivante.*

Quand des chablis et bois morts se produisent, on peut, soit réduire d'autant le volume de la réserve précédente, ce qui est toujours plus exact, soit les considérer comme tombant dans la coupe à faire, si leur volume est insignifiant par rapport au matériel total.

Il ne serait peut-être pas inutile de donner la description détaillée des 5 coupes sur lesquelles ont porté les expériences ; mais cela nous entraînerait trop loin et nous nous contenterons de dire qu'elles occupent une pente assez rapide, quelquefois escarpée, abritée contre tous les vents et surtout contre ceux du Sud et de l'Ouest. Le massif, complet dans le bas de la pente sur les nᵒˢ 1 et 2, spécialement sur ce dernier, l'était moins dans le haut, quoique le nᵒ 2 présentât dans son ensemble un des plus beaux spécimens de sapinière d'âge moyen que nous ayons rencontrés. Sur les coupes 3, 4 et 5, le peuplement, dans le bas de la rampe, est encore suffisamment complet, quoique moins serré que sur les deux premières ; mais il s'éclaircit en montant et devient à peu près nul dans le haut de la rampe, occupé par des rochers dont le développement se prononce de plus en plus à mesure que l'on avance dans les dernières coupes. L'immense différence de volume que font ressortir les tableaux suivants entre les diverses coupes, doit être attribuée aux vides existant au milieu et autour des roches dans les trois dernières coupes, plutôt qu'à la consistance des massifs.

A. — **État du peuplement au moment du martelage, avant l'éclaircie.**

Nᵒˢ des coupes.	CONTE-NANCE.	ÉPOQUE de l'observation.	MATÉRIEL SUR PIED avant l'exploitation		OBSERVATIONS.
			sur la coupe entière.	par hectare.	
	b. a.	Hiver de	M. c.	M. c.	
1	1 48	1874-1875	834,938	364,147	Dans cet état et ceux qui suivent, le volume comprend la cime et les branches.
2	1 48	1875-1876	953,846	644,491	
3	1 48	1876-1877	502,822	339,744	
4	1 47	1877-1878	478,071	325,218	
5	1 47	1878-1879	305,250	205,653	
Totaux et moyennes .	7 38		3,074,927	416,657	

B. — Résultat de la première éclaircie.

Nos des coupes.	CONTENANCE.	ANNÉES de l'exploitation.	PRODUITS		Proportion avec le volume sur pied avant la coupe.	RÉSERVE			
			sur la coupe entière.	par hectare.		SUR LA COUPE entière.		PAR HECTARE.	
						Arbres.	Volume.	Arbres.	Volume.
	h. a.		M. c.	M. c.	P. 100.		M. c.		
1	1 48	1874-1875	115,048	77,735	13.78	291	719,890	197	486,412
2	1 48	1875-1876	238,982	161,474	25.55	256	714,864	173	483,016
3	1 48	1876-1877	103,471	71,264	20.97	152	397,351	103	268,410
4	1 47	1877-1878	110,632	75,260	23.38	271	367,430	184	249,959
5	1 47	1878-1879	75,187	51,148	24.63	203	230,063	138	156,505
Totaux et moyennes.	7 38		645,320	87,411	20.99	1,173	2,429,607	159	329,215

C. — État du peuplement au martelage de la seconde éclaircie.

Nos des coupes.	CONTENANCE.	MATÉRIEL SUR PIED.				ACCROISSEMENT						
		sur la COUPE ENTIÈRE.		par HECTARE.		ABSOLU				RELATIF OU P. 100		
						sur la coupe entière		par hectare		pour 5 ans.	par an aux intérêts	
		Arbres.	Volume.	Arbres.	Volume.	pour 5 ans.	par an (moyenne arithmétique).	pour 5 ans.	par au (moyenne arithmétique).		simples.	composés.
	h. a.		M. c.		M. c.	M. c.	M. c.	M. c.	M. c.			
1	1 48	291[1]	819,443	197	553,678	99,553	19,911	67,266	13,453	13.83	2,77	2,66
2	1 48	256[2]	795,574	173	537,550	80,710	16,142	54,533	10,907	11.29	2,26	2,16
3	1 48	152[3]	437,224	103	295,422	39,873	7,974	26,941	5,388	10.03	2,01	1,93
4	1 47	271[4]	408,070	184	277,598	40,331	8,106	27,572	5,514	11.03	2,21	2,12
5	1 47	201[5]	263,318	137	179,127	36,825	7,365	25,051	5,010	16.26	3,25	3,06
Totaux et moyennes.	7 38	1,171	2,723,629	158	369,035	297,492	59,498	40,258	8,052	12.26	2,45	2,34

1. Y compris 11 chablis tombés dans le cours de la période.
2. Y compris 2 arbres morts et 2 chablis exploités dans le cours de la période.
3. Y compris 1 arbre mort et 1 chabli exploités dans le cours de la période.
4. Y compris 1 chabli exploité dans le cours de la période.
5. Y compris 7 chablis exploités dans le cours de la période.

Deux arbres portant les nos 153 et 165 et cubant 3mc,568 en 1878 n'ont pas été retrouvés sur la coupe n° 5. Il a été tenu compte de cette disparition dans les calculs d'accroissement.

D. — Résultat de la seconde éclaircie.

Nos des coupes.	CONTENANCE.	ANNÉES de l'exploitation	ABANDON (Produit de l'exploitation).					RÉSERVE			
			Sur la coupe entière.		Par hectare.		Proportion avec le volume sur pied avant l'éclaircie.	Sur la coupe entière.		Par hectare.	
			Arbres.	Volume.	Arbres.	Volume.		Ar-bres.	Volume.	Arbres.	Volume.
	h. a.			M. c.		M. c.			M. c.		M. c.
1	1 48	1879-1880	49	139,241	33	94,082	16.99	242	680,202	163	459,596
2	1 48	1880-1881	33	107,581	22	72,690	13.52	223	687,993	151	464,860
3	1 48	1881-1882	18	48,317	12	32,667	11.05	134	388,907	91	262,775
4	1 47	1882-1883	12	23,270	8	15,830	5.70	259	384,800	176	261,769
5	1 47	1883-1884	17	28,058	12	19,087	10.66	184	235,261	125	179,127
Totaux et moyennes	7 38		129	346,467	17	46,947	12.72	1,042	2,377,163	141	322,109

Dans l'abandon sont compris les chablis et bois morts mentionnés ci-dessus.

Avant l'ouverture de la période d'expérience, c'est-à-dire en 1874, la coupe n° 1 était couverte en grande partie, et surtout dans le bas de la côte, de jeunes brins de divers âges.

La coupe n° 2 présentait aussi, à la partie inférieure principalement, un ensemble de semis dus en très grande majorité à la semence si abondante de 1871.

Sur les coupes nos 3 à 5, les semis de sapin sont au contraire fort rares, mais dans le haut de la côte, autour des rochers, on remarque des semis de hêtre de divers âges dus à des arbres disparus à une époque que l'on ne peut préciser.

Autant que la prudence le permettait, on a essayé, lors de la première éclaircie, d'atteindre dans l'abandon, la proportion prescrite par M. Gurnaud, du quart au tiers du matériel total. Mais on n'a pu toujours y arriver.

Sur la coupe n° 1, on n'a enlevé que le huitième, et, dans le cours de la 2e période, on est tombé jusqu'à 5.7 p. 100 seulement. Cette prudence était recommandée, en premier lieu, par le déficit qui se manifestait dans le matériel

d'une exploitation à l'autre, et, en second lieu, par la nécessité de laisser un massif suffisant pour assurer autant
que possible la régénération.

Dans ces conditions, on pouvait craindre que, malgré la
présence et l'adhésion de la municipalité aux opérations,
elle se plaignît de ce qu'on n'avait pas assez coupé. En effet,
M. Gurnaud fit paraître en 1882 un nouveau mémoire des-
tiné, comme les précédents, à démontrer que ses anciens camarades sont incapables, qu'ils occasionnent à la commune
de Syam des pertes se chiffrant par des millions. Mais, con-
trairement à notre crainte, il leur reprocha d'avoir trop
coupé dans les éclaircies d'expériences. Voici en effet ce
qu'il dit page 17 :

« Le taux de l'accroissement étant de 2.5 p. 100 [1], la
« coupe annuelle devait être de 76 mètres cubes » (en
comptant sur 3,029 mètres cubes, volume de 1863), « soit
« 380 pour la première période de 5 ans.

« La coupe d'expérience n'a pas été facilement accordée,
« ce n'est qu'en 1875 qu'elle a été obtenue. A-t-elle été
« comprise et bien exécutée ? Évidemment non, et pour
« s'en convaincre, il suffirait de prendre connaissance des
« prescriptions au moins singulières contenues dans la lettre
« à cette date de M. le garde général des forêts à Champa-
« gnole. »

Nous prions nos lecteurs de rapprocher ce passage de
tout ce que nous avons cité plus haut du mémoire de 1867
et de la délibération qui réclamait les expériences sur la
parcelle E [2]. Ce rapprochement sera beaucoup plus éloquent

---

1. Voir Mémoire imprimé, page 17. (Renvoi de M. Gurnaud.)

2. Consulter en outre le tableau de la page 55, mémoire de 1867, où il
est prescrit de couper à chaque exploitation quinquennale, 936 mètres
cubes sur la parcelle E.

que tout ce que nous pourrions dire, et fera ressortir l'esprit qui a présidé à la rédaction des publications dirigées contre l'administration des forêts et de ses agents.

Nous nous permettrons cependant une observation. Si, en 1867, la division E ne produisait que 2.5 p. 100, c'est que, suivant les principes posés par M. Gurnaud, le matériel sur pied était trop considérable. Or, si l'on se borne à enlever le produit de l'accroissement, le volume sur pied sera constant ; si le volume sur pied est constant, l'accroissement ou revenu ne changera pas. Dès lors, pourquoi changer le traitement ?

Nous ne pouvons parler de ce qu'était la parcelle en 1863 ; mais ce que nous pouvons affirmer, c'est que M. Gurnaud ne l'a visitée ni en 1874, au moment où les éclaircies d'expérience ont commencé, ni en 1881, et que le comptage qu'il a fait exécuter à cette dernière date est parfaitement inexact [1].

Quant à la lettre attribuée à M. le garde général à Champagnole, nous ne l'avons pas trouvée, et nous avons tout lieu de croire qu'il s'agit ici des instructions que nous avons transmises en 1874, époque à laquelle la première éclaircie a été marquée, instructions que M. Gurnaud trouve « au « moins singulières » et qu'il qualifiera tout à l'heure de « bizarres ».

Pourquoi cette indignation contre des mesures qu'il devrait approuver puisqu'elles n'ont pour but que d'assurer l'exactitude des opérations ? Est-ce précisément parce qu'elles ne permettent pas de jouer avec les chiffres ?

Qu'on nous permette de citer encore un passage du mé-

---

1. Sur 1,658 sapins signalés par lui sur la parcelle E, il y a une erreur de plus de cent.

moire de 1882 qui termine l'article relatif à la coupe
« d'expérience » et qui est caractéristique de l'intention qui
a présidé à sa rédaction.

« On voit avec étonnement au registre des délibérations
« du conseil municipal [1], à la date du 18 mai 1875, le vote
« pour frais d'expérience, et pour une seule année, de 598
« francs, somme dont l'intérêt à 5 p. 100 aurait suffi et au
« delà pour solder les frais du contrôle sur toute la forêt,
« tel que le demandait la commune. »

Suit la petite diatribe obligatoire contre la tyrannie de
l'administration des forêts et de ses agents :

« L'administration, qui agit pour le compte et dans l'in-
« térêt des communes, refuse de justifier la méthode d'a-
« ménagement qu'elle impose dans la forêt de Syam et de
« soumettre cette forêt au contrôle, et, après avoir fait
« attendre dix ans une coupe d'expérience, donne à ce su-
« jet des ordres bizarres que la commune ne peut qu'exé-
« cuter et qui entraînent d'injustifiables dépenses. Il est évi-
« dent que les agents forestiers n'ont pas compris ce qu'il y
« avait à faire dans la coupe d'expérience, qui n'était autre
« chose qu'une application, dans des proportions réduites,
« du jardinage prescrit par l'arrêt du conseil de 1730 et
« soumis au contrôle [2]. »

Nous nous sommes longtemps demandé si cette accusa-
tion « bizarre » méritait de nous arrêter. Réfléchissant com-
bien les assertions les plus « singulières » ont trouvé créance,
nous avons cru devoir y répondre brièvement.

1. On voit que l'administration municipale de Syam n'a pas de secrets
pour M. Gurnaud.

2. Rappelons, ainsi que nous l'avons fait ressortir plus haut, que M. Gurnaud ne paraît avoir définitivement avoué le jardinage et connu l'arrêt de
1730 qu'en 1881 ou 1882, époque de la rédaction et de la publication de
son dernier mémoire sur les forêts de Syam.

Si la délibération mentionnée a été prise, elle n'a pas été portée à la connaissance du service forestier.

Comment une dépense de 600 fr. a-t-elle été nécessitée par les travaux d'une année, alors que pour les années suivantes, on ne signale plus un centime de frais?

Les travaux ont été exécutés par le personnel forestier, par conséquent la commune n'a eu à supporter que les frais d'abatage et de façon des arbres abandonnés, frais qui ont dû être confondus avec ceux de la coupe ordinaire.

Si 598 fr. ont été payés pour travaux exécutés sous la direction du service forestier, le mandat n'a pu être délivré régulièrement qu'au vu d'un état certifié exact par l'agent directeur, garde général à Champagnole ou inspecteur à Poligny. Or, nous mettons au défi M. Gurnaud et son patron de produire cet état.

Laissons de côté ces accusations et revenons à notre sujet.

V.

Conclusions.

Bien que les expériences dirigées par les agents forestiers dans la forêt de Syam aient été exécutées avec conscience et avec toute la précision désirable en pareille matière, nous n'en regardons pas le résultat comme concluant.

Il ne suffit pas d'une période de dix ans, et en réalité de cinq ans, puisqu'il n'y a eu sur chaque division qu'une rotation de cinq ans entre les deux coupes, pour découvrir toutes les particularités que peut présenter la marche de la végétation dans une forêt où les diverses circonstances qui influent sur l'accroissement peuvent varier à l'infini. Les

expériences devront donc être continuées sur la parcelle E.
Mais il est à craindre que l'on ne mette en œuvre tous les
moyens pour les suspendre.

Lorsqu'elles ont commencé, le peuplement de la parcelle E, comme celui de la plupart de la forêt de Syam,
n'était pas constitué de manière à donner des résultats dé-
finitifs, en ce sens qu'il se rapprochait trop de l'état appelé
régulier.

Si les expériences donnent exactement le taux d'accroissement des arbres comptés, elles ne font pas ressortir suffisamment le volume que l'on pourrait couper dans le jardinage où le vide causé par l'exploitation doit être comblé en
partie par l'accession à l'état de bois comptables des brins
de dimensions inférieurs à 0,60, brins qui, dans notre
parcelle, sont en trop petit nombre ou sont étouffés par les
plus forts et incapables de reprendre vigueur.

En différentes occasions, on a atteint des taux d'accroissement bien supérieurs aux nôtres. Nous avons recueilli
nous-même quelques exemples d'une végétation infiniment
plus active que celle des arbres de nos expériences.

Ainsi, nous avons reconnu un sapin *isolé* ou du moins
entouré de tout jeunes brins, âgé de 29 ans seulement, et,
portant à 1 mètre du sol, une circonférence de $1^m,20$.

Dans la même forêt, nous avons rencontré, à une altitude
de 1,000 mètres, la souche d'un autre sapin de même âge
que le précédent, placé d'ailleurs, dans les mêmes conditions d'isolement, et qui, d'après ce que nous avons pu
juger au vu des couches annuelles sur la souche, devait
présenter à peu près la même circonférence.

Dans des forêts de taillis situées en bon fonds, nous
avons pu constater que certains baliveaux avaient doublé
de volume en 5 ou 6 ans. Mais ce sont là des cas excep-

tionnels sur lesquels on ne saurait établir un système d'exploitation, et auxquels on peut opposer d'autres exemples qui conduisent à un taux d'accroissement excessivement faible et quelquefois même difficilement appréciable.

D'observations faites sur des taillis, nous avons tiré que l'accroissement en argent de la réserve approche de 4 p. 100. Mais, malgré toutes les précautions que nous avons prises, nous ne pouvons affirmer que nos résultats soient exacts et quelques-uns sont évidemment dus à une erreur. Nous ne connaissons qu'une manière d'arriver à la vérité, c'est d'opérer comme nous l'avons fait dans la forêt de Syam. Une fois la loi de l'accroissement découverte, on pourra agir avec plus d'abandon, les erreurs d'une période se corrigeant à la longue par celles d'une autre.

M. Brenot a fait aussi sur l'accroissement des expériences qui l'ont conduit à une moyenne de 4.54 p. 100 pour 1,337 sapins[1]. Mais il nous a fait observer :

1° Que ces arbres sont situés dans des conditions exceptionnellement favorables ;

2° Que, par suite de leur croissance très active, ils ont un bois détestable.

Nous ajouterons qu'il est regrettable, à notre avis, que notre camarade n'ait pas pris des précautions plus grandes pour s'assurer de l'exactitude de ses observations et qu'il ait accepté une marge aussi grande dans la graduation de ses catégories, quoiqu'il les ait établies de 10 en 10 centimètres, au lieu de 20 en 20 comme M. Gurnaud.

Du reste, M. Brenot n'entend pas en rester là de ses expériences : il les continue et il fera certainement part de leur résultat au personnel forestier.

---

1. *Revue des eaux et forêts,* t. XIX, 1880.

Quoi qu'il en soit, l'initiative privée ne saurait suffire dans des questions de cette nature, et l'État devrait prendre la direction des expériences. Il pourrait, sans grand préjudice, y consacrer 200 ou 300 hectares disséminés sur tout le pays, et présentant les diverses conditions de sol, de climat, d'exposition, etc.,.... qui peuvent influer sur la végétation. Ajoutons que l'expérience doit aussi porter sur diverses essences, et rappelons qu'il n'est pas à craindre, pour les feuillus, que l'activité de la végétation nuise à la qualité des bois.

Nous croyons donc qu'il n'y a rien de définitif dans les opinions qui ont cours au sujet du traitement des forêts et spécialement des sapinières. Toutefois, nous pensons que le jardinage donne des produits supérieurs en quantité à ceux de la forêt régulière. Mais il ne faudrait pas se rejeter avec engouement vers ce mode de traitement, comme le fait craindre le mouvement qui se manifeste en ce moment dans le personnel forestier. Après nous être fait rabrouer vigoureusement pour avoir pris la défense du jardinage, nous pourrions bien être exposé sous peu à combattre sa trop grande extension.

Nous ne pensons pas en effet que le jardinage puisse être appliqué indifféremment en tous lieux. Par cela même qu'il active la croissance, il donne, comme nous l'avons dit, des produits de qualité médiocre, et, aux altitudes basses, elle peut devenir détestable. En outre, les arbres des forêts jardinées sont presque toujours garnis, jusqu'à un âge avancé, sinon toute leur vie, de basses branches qui déterminent des nœuds et déprécient fort le bois. Enfin, ces arbres sont plus coniques, et par conséquent, à circonférence égale au bas de la tige, ont moins de volume utilisable, donnent plus de déchet que ceux qui ont crû en massif serré. Nous ne voulons pas dire que les bois ainsi produits se vendront toujours à bas prix : il n'est personne, parmi ceux qui connaissent ces matières, qui ne sachent qu'un marchand arrive souvent à faire passer comme excellente, une marchandise en réalité fort médiocre ; mais si un négociant se permet à l'occasion ce coup de commerce, il ne doit pas en être de même du producteur dont la marchandise aurait bientôt une réputation fâcheuse qui finirait par la faire exclure des marchés sérieux [1]. A plus forte raison, une grande administration, représentant l'État et les communes, ayant pour mission de fournir au pays les plus précieux objets de sa consommation, doit-elle chercher à leur donner une qualité irréprochable et répondant à la confiance qu'inspire sa situation particulière.

Avant de terminer, nous appellerons l'attention des forestiers sur une particularité que nous croyons avoir remarquée et qui a frappé aussi plusieurs de nos camarades.

Dans les forêts feuillues qui se transforment en sapinière, la croissance du sapin nous paraît bien plus active, toutes autres circonstances égales d'ailleurs, que quand il occupe le terrain de longue date, qu'il soit pur ou en mélange dans les nouveaux peuplements.

Nous n'oserions affirmer ce fait comme général et constituant une loi naturelle incontestable ; nous nous contentons de le signaler en priant nos camarades de le vérifier.

---

1. Nous connaissons plus d'une sapinière dont les bois sont achetés assez couramment par les marchands, tandis qu'ils sont rebutés par les particuliers qui veulent construire, et il est parfaitement établi dans le pays de production, que leur durée, surtout dans certains emplois, n'est pas moitié de celle des sapins d'autres forêts.

POST-SCRIPTUM.

La Sylviculture française, par M. Gurnaud.

Au moment où nous terminions notre travail, M. Gurnaud faisait paraître une nouvelle brochure, *la Sylviculture fran-çaise*, évidemment celle annoncée par M. Viette à la Chambre des députés le 5 novembre 1884. Elle n'a amené aucun changement dans nos appréciations. Mais si nous avions pu conserver quelques doutes sur la source à laquelle ont puisé leurs inspirations les honorables orateurs qui ont attaqué l'administration des forêts et ses agents, la nouvelle brochure les auraient dissipés. On y retrouve, non seulement les chiffres portés à la tribune par MM. Viette et Lelièvre, mais encore les mêmes arguments et presque les mêmes phrases. Nous pensions y rencontrer quelques traces des rectifications présentées par M. le Ministre de l'agriculture, notamment en ce qui concerne la prodigieuse augmentation des bois particuliers dont l'étendue, au dire de M. Gurnaud et des honorables députés, aurait triplé en 70 ans. La brochure maintient les chiffres produits à la Chambre. Il est probable que l'impression en était trop avancée pour permettre à son auteur d'y rien changer.

Ainsi que nous l'avons dit au commencement de notre travail, nous ne voulons par refaire l'argumentation de M. le Ministre ; mais nous ne pouvons nous défendre de quelques réflexions. Si les contenances indiquées par M. Gur-naud sont exactes, ceux qui poussaient des cris de détresse au sujet de la marche accélérée des déboisements, les législateurs qui faisaient des lois contre les défrichements, ont eu bien tort de s'alarmer. C'est contre l'envahissement des forêts qu'il faut prendre des mesures, car, en quelques siècles, au train que leur donne M. Gurnaud, elles couvriront toute la France.

Si, par hasard, on considère le reboisement des montagnes comme nécessaire, il faut se hâter d'abroger les lois qui permettent d'en confier la réalisation à l'administration des forêts et s'en remettre à l'initiative des communes et des particuliers dont l'action, jusqu'en 1860, avait été si efficace.

On a donné, à diverses époques, plusieurs évaluations, toutes erronées selon nous [1], de la contenance des bois des particuliers. Pourquoi, parmi les anciennes, M. Gurnaud a-t-il choisi la plus faible ? S'il n'a consulté que Baudrillard, pourquoi n'a-t-il pas fait connaître que ce laborieux forestier ne présente ses chiffres que d'une manière hypothétique, et qu'il donne de l'augmentation signalée pendant la période de 1813 à 1821, une raison qui vient à l'esprit de quiconque est un peu au courant de notre histoire ?

Si nous faisons cette observation, c'est que M. Gurnaud, quand il s'agit de statistique, opère de la même façon que quand il collectionne les résultats de ses expériences, et que nous allons le retrouver dans les mêmes principes à propos d'un document législatif invoqué par lui à l'appui de sa méthode.

1. Pour des causes qu'il est inutile d'exposer ici, nous pensons même que les plus récentes ne sont pas totalement exemptes d'erreur.

En 1856, Noirot-Bonnet écrivait qu'une statistique récente donnait aux bois des particuliers, 3,900,000 hectares, chiffre aussi inexact que les évaluations de M. Gurnaud.

Arrêt du Conseil du Roi du 29 août 1730.

Grâce à l'obligeance d'une personne à qui nous en sommes fort reconnaissant, nous avons obtenu communication de ce document dont voici le texte tel qu'il nous a été communiqué.

Extrait de l'arrêt du Conseil
servant de règlement pour les bois de Franche-Comté.

Aménagement pour les bois de sapins.

« Art. 1er. Sa Majesté a ordonné et ordonne que les forêts de sapins appartenant aux communautés laïques et ecclésiastiques dans la province de Franche-Comté, demeureront exceptées pour leurs exploitations de la disposition des articles II et XI du titre XXV de l'ordonnance de 1669, ce faisant, qu'elles seront coupées en jardinant et distinguées par le sieur Grand-Maître des départements, ou par tel officier de la maîtrise qu'elle pourra commettre, *en dix portions égales,* qui serviront successivement d'assiettes, lesquelles seront désignées sur les plans qui en seront remis au greffe des maîtrises, par première et dernière. Ordonne qu'après le règlement desdites assiettes, les officiers des lieux adresseront chaque année un procès-verbal de la quantité d'arbres qu'il conviendra de couper dans celle qui sera en usance, eu égard au nombre desdits arbres, à leur qualité et aux besoins des usagers, et en conséquence, marqueront les arbres dont la coupe devra être faite dans le courant de ladite année, en préférant les anciens dépérissants, *et réservant ceux qui sont de 3 pieds* [1] *de tour et au-dessous,* dont

---

1. Environ un mètre (0m,97452).

mention sera faite dans ledit procès-verbal, qui sera remis dans la huitaine au greffe de la maîtrise d'où lesdites forêts dépendent, pour être pourvu, à la poursuite du procureur de Sa Majesté, sur les abus qui pourraient intervenir dans l'exécution du présent article. »

M. Curasson (*Code forestier*, tome I, page 398) donne un extrait qui reproduit les principales dispositions de cet arrêt.

Nous avons exposé plus haut que M. Gurnaud, après avoir mis son système sous la protection de la théorie des éclaircies, a prétendu ensuite l'assimiler à la méthode à tire et aire et lui procurer par là un appui légal, qu'enfin, ayant découvert l'arrêt du Conseil du 29 août 1730, il déclare aujourd'hui ne vouloir et n'avoir jamais voulu d'autre méthode que le jardinage prescrit par ledit arrêt qui, suivant lui, n'a pas été abrogé.

Mais parmi les dispositions de l'arrêt, M. Gurnaud fait son choix. Il adopte celle qui prescrit d'exploiter les sapins en jardinant. Il s'en fait une arme contre ceux qui n'acceptent pas aveuglément son système. Quant à celle qui fixe la rotation des coupes à dix ans et qui, logiquement, devrait être en vigueur au même titre que la précédente [1], il l'abroge de sa propre autorité, il la passe sous silence.

Ainsi, qu'il s'agisse de faits d'observation, de documents statistiques ou d'actes législatifs, c'est toujours la même façon d'agir. Rien ne prouve mieux la tyrannie d'une idée fixe ou préconçue. Avec la meilleure foi du monde, l'esprit n'est attiré que par les circonstances qui favorisent sa conception. Quant à celles qui la contredisent, il les interprète, les supprime ou même ne les aperçoit pas.

---

1. En se plaçant sur le terrain choisi par M. Gurnaud, on pourrait même en dire autant de la prescription de conserver tous les arbres ayant moins de 3 pieds de tour.

Forêt communale de Syam.

Par suite d'un arrangement entre M. le Ministre de l'agriculture et la municipalité de Syam, la forêt de cette commune sera, à titre d'essai, traitée suivant la méthode de M. Gurnaud. Mais avant de recevoir son exécution, cette convention doit être ratifiée par un décret, après avis du conseil général, et cette assemblée a remis à la session d'août l'examen de la question d'aménagement.

S'il nous était permis de donner à ce sujet notre humble avis, nous conseillerions de faire faire toutes les opérations par M. Gurnaud, ou par ses délégués, puisqu'il n'opère pas lui-même. Il établirait son registre de contrôle, et les agents forestiers, passant après lui dans les coupes, prendraient de leur côté toutes les données nécessaires à l'établissement d'un registre semblable, les deux devant se contrôler.

Nous demanderions en outre que l'on continuât les expériences sur les cinq coupes de la parcelle E.

L'Expérimentation forestière en Allemagne et en Autriche.

Tel est le titre d'un livre publié récemment par deux jeunes forestiers français, MM. Reuss et Bartet, et dont nous avons voulu prendre connaissance avant de livrer notre travail à l'impression, et nous sommes heureux de dire que l'exposé des travaux exécutés en Allemagne, présenté par MM. Reuss et Bartet, nous a inspiré le plus vif intérêt.

Nos voisins n'adoptent pas le jardinage ; mais, s'ils continuent leurs coupes claires (*Lichtungshiebe*) en plein massif d'âge moyen, ils amèneront infailliblement un second étage qui, par suite du même traitement en produira lui-même.

un autre plus tard, et, avec les inégalités de réensemencement inévitables dans toute régénération naturelle, la forêt
passera nécessairement à l'état jardiné.

Quoi qu'il en soit, c'est sur des massifs réguliers plus ou
moins fortement éclaircis qu'opèrent nos confrères d'Allemagne. Sur des places d'expérience de faible étendue, ils
ont obtenu des produits qui dépassent de beaucoup la
moyenne de nos forêts [1], sans approcher toutefois des
chiffres fabuleux de M. Gurnaud qui, du reste, il faut l'observer, s'appuie aujourd'hui sur le jardinage.

Sans nous arrêter ici à discuter les expérimentations des
forestiers allemands et autrichiens, sans nous appesantir sur
les soins à apporter à l'assiette d'une place d'expérience,
nous nous bornerons à faire remarquer qu'il n'est pas pru-
dent de calculer le produit des forêts d'après les résultats
obtenus sur de petites étendues triées avec soin. Il est évi-
dent que nos confrères de langue allemande ont opéré sur
des terrains et des peuplements de choix. Ainsi, dans le
grand-duché de Bade, nous voyons, malgré l'indication de
classes de sol assez médiocres, que les expériences donnent
un produit moyen de $9^{mc},61$ par hectare, tandis que, pour
les forêts domaniales de tout le grand-duché, la moyenne
est $4^{mc},4$ seulement. Et encore, bien que ce pays soit favo-
risé sous le rapport du sol et du peuplement de ses forêts,
il ne serait peut-être pas trop présomptueux de supposer
que ce dernier chiffre est supérieur au rendement normal.
On sait en effet, et MM. Reuss et Bartet nous le rappellent,
que les Allemands ont une tendance marquée à raccourcir
les révolutions. Or, cette opération a pour résultat d'absor-

---

1. On peut remarquer d'ailleurs que, dans notre parcelle d'expérience de
la forêt de Syam, nous avons obtenu des résultats analogues à ceux des forestiers allemands.

ber les épargnes des générations précédentes et, par conséquent, d'augmenter momentanément les produits, et rien
n'indique que cet abaissement des révolutions n'est pas
pratiqué dans le pays de Bade.

Quant au taux d'accroissement, il résulte des expériences
faites dans le même pays qu'il peut s'élever jusqu'à 5 p. 100
dans les bois de 100 ans desserrés subitement en coupes
claires.

Qu'on nous permette de clore ces quelques lignes con-
sacrées aux expérimentations allemandes par une courte
réflexion à l'adresse de M. Bartet. S'il lit notre notice, il
reconnaîtra qu'après son départ de Champagnole, les
expériences ont été continuées dans la forêt de Syam. Nous
avons conservé de la collaboration de M. Bartet un trop
excellent souvenir pour lui faire un crime de son inexacti-
tude ; mais il nous permettra de dire qu'il lui aurait été
bien facile de l'éviter.   P. G.

Nancy, imprimerie Berger-Levrault et Cⁱᵉ.